Impressum
Verlag: BABADADA GmbH, Nedderfeld 112 , 22529 Hamburg
Geschäftsführer / Verlagsleitung: Harald Hof
Druck: Books on Demand GmbH, In de Tarpen 42, 22848 Norderstedt

Imprint
Publisher: BABADADA GmbH, Nedderfeld 112 , 22529 Hamburg, Germany
Managing Director / Publishing direction: Harald Hof
Print: Books on Demand GmbH, In de Tarpen 42, 22848 Norderstedt

la salle de classe
教室

diviser
除

186/2

le tableau noir
黑板

la cour de récréation
校園

l'enseignant
老師

le papier
紙

écrire
書寫

le stylo
筆

le bureau
辦公桌

la règle
直尺

le livre
書

l'élève
學生

le sac d'école

書包

la trousse

鉛筆盒

le crayon

鉛筆

le taille-crayon

削鉛筆機

la gomme

橡皮擦

le carnet à dessin

畫板

le dessin

圖畫

le pinceau

畫筆

la boîte de peinture

顏料盒

les ciseaux

剪刀

la colle

膠水

le cahier d'exercices

練習冊

les tâches

家庭作業

le chiffre

數字

additionner

加

soustraire

減

multiplier

乘

calculer

計算

la lettre

字母

l'alphabet

字母表

le mot

字

le texte

課文

lire

讀

la craie

粉筆

la leçon

上課

le livre de classe

登記

l'examen

考試

le certificat

證書

l'uniforme scolaire

校服

la formation

教育

le lexique

百科全書

l'université

大學

le microscope

顯微鏡

la carte

地圖

la corbeille à papier

廢紙簍

l'hôtel
飯店

l'auberge
青年旅社

le bureau de change
外幣兌換處

la valise
手提箱

la voiture
汽車

la langue

語言

oui / non

是/否

d'accord

好的

Salut

您好

l'interprète

翻譯人員

merci

謝謝

Combien coûte...?

......多少錢？

Je ne comprends pas

我不明白

le problème

問題

Bonsoir!

晚上好！

Bonjour!

早上好！

Bonne nuit!

晚安！

Au revoir

再見

la direction

方向

les bagages

行李

le sac

包

le sac-à-dos

背包

l'hôte

客人

la pièce

房間

le sac de couchage

睡袋

la tente

帳篷

l'office de tourisme

旅行資訊

la plage

海灘

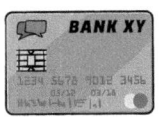

la carte de crédit

信用卡

le petit-déjeuner

早餐

le déjeuner

午餐

le dîner

晚餐

le billet

票

l'ascenseur

電梯

le timbre

郵票

la frontière

邊界

la douane

海關

l'ambassade

大使館

le visa

簽證

le passeport

護照

l'avion
飛機

le navire
船

le véhicule de pompiers
消防車

le bus
公車

le camion
卡車

le bateau à moteur
汽艇

la bicyclette
腳踏車

la voiture
汽車

le ferry

渡輪

la barque

小船

la moto

機車

la voiture de police

警車

la voiture de course

賽車

la voiture de location

租車

l'autopartage

拼車

la dépanneuse

拖車

la benne à ordures

垃圾車

le moteur

馬達

l'essence

汽油

la station d'essence

加油站

le panneau indicateur

交通標識

le trafic

交通

l'embouteillage

交通堵塞

le parking

停車場

la gare

火車站

les rails

軌道

le train

火車

le tram

路面電車

le wagon

客車廂

l'hélicoptère
....
直升機

l'aéroport
....
機場

la tour
....
塔

le passager
....
乘客

le container
....
集裝箱

le carton
....
紙板箱

le chariot
....
手推車

la corbeille
....
籃子

décoller / atterrir
....
起飛/降落

la ville
城市

le village
....
村莊

le centre-ville
....
市中心

la maison
....
房子

le cinéma
電影院

la publicité
廣告

le réverbère
路燈

CINEMA

la rue
街道

le taxi
計程車

le piéton
行人

le kiosque
小吃店

le trottoir
人行道

le passage piéton
斑馬線

la poubelle
垃圾箱

le carrefour
十字路口

les feux de circulation
紅綠燈

la cabane

小屋

l'appartement

公寓

la gare

火車站

la mairie

市政廳

le musée

博物館

l'école

學校

l'université

大學

la banque

銀行

l'hôpital

醫院

l'hôtel

飯店

la pharmacie

藥房

le bureau

辦公室

la librairie

書店

le magasin

商店

le fleuriste

花店

le supermarché

超市

le marché

市場

le grand magasin

百貨商店

la poissonnerie

魚店

le centre commercial

購物中心

le port

海港

le parc

公園

la banque

長凳

le pont

橋

les escaliers

樓梯

le métro

捷運

le tunnel

隧道

l'arrêt de bus

公車站

le bar

酒吧

le restaurant

餐館

la boîte à lettres

郵筒

le panneau indicateur

路標

le parcomètre

停車計時器

le zoo

動物園

le réverbère

游泳池

la mosquée

清真寺

la ferme

農場

la pollution

污染

le cimetière

墓地

l'église

教堂

l'aire de jeux

操場

le temple

寺廟

le paysage
地形

la feuille
樹葉

le panneau indicateur
指示牌

le chemin
路

le pré
草地

la pierre
石頭

l'arbre
樹

le randonneur
徒步旅行者

la rivière
河

l'herbe
草

la fleur
花

la vallée
峽谷

la montagne
丘陵

le lac
湖

la forêt
森林

le désert
沙漠

le volcan
火山

le château
城堡

l'arc-en-ciel
彩虹

le champignon
蘑菇

le palmier
棕櫚樹

le moustique
蚊子

la mouche
蒼蠅

les fourmis
螞蟻

l'abeille
蜜蜂

l'araignée
蜘蛛

le scarabée

甲蟲

la grenouille

青蛙

l'écureuil

松鼠

le hérisson

刺蝟

le lapin

野兔

la chouette

貓頭鷹

l'oiseau

鳥

le cygne

天鵝

le sanglier

野豬

le cerf

鹿

l'élan

麋鹿

le barrage

水壩

l'éolienne

風力發電機

le panneau solaire

太陽能電池板

le climat

氣候

le serveur
服務生

le menu
菜譜

la chaise
椅子

la soupe
湯

la pizza
披薩餅

les services
餐具

la nappe
桌布

les hors d'œuvre

前菜

le plat principal

主菜

le dessert

甜點

les boissons

飲料

l'alimentation

食物

la bouteille

瓶子

le fast-food

速食

les plats à emporter

街邊小吃

la théière

茶壺

le sucrier

糖盒

la portion

一份飯菜

la machine à expresso

義式咖啡機

la chaise haute

高腳椅

la facture

帳單

le plateau

托盤

le couteau

刀

la fourchette

餐叉

la cuillère

勺子

la cuillère à thé

茶匙

la serviette

餐巾

le verre

玻璃杯

l'assiette
碟子

l'assiette à soupe
湯盤

la soucoupe
碟子

la sauce
醬

la salière
鹽瓶

le moulin à poivre
胡椒研磨罐

le vinaigre
醋

l'huile
食用油

les épices
調味料

le ketchup
番茄醬

la moutarde
芥末

la mayonnaise
美乃滋

l'offre promotionnelle
特價

le client
顧客

les produits laitiers
乳製品

FOR

les fruits
水果

le caddie
購物車

la boucherie

肉鋪

la boulangerie

麵包店

peser

稱重

les légumes

蔬菜

la viande

肉

les aliments surgelés

冷凍食品

la charcuterie
冷盤

les conserves
罐頭食品

la poudre à lessive
洗衣粉

les bonbons
甜食

les articles ménagers
日用品

les détergents
清潔用品

la vendeuse
銷售員

la caisse
收銀機

le caissier
收銀員

la liste d'achats
購物清單

les heures d'ouverture
開放時間

le portefeuille
錢包

la carte de crédit
信用卡

le sac
袋子

le sac en plastique
塑膠袋

l'eau

水

le jus de fruit

果汁

le lait

牛奶

le coca

可樂

le vin

紅酒

la bière

啤酒

l'alcool

酒

le chocolat chaud

可可

le thé

茶

le café

咖啡

l'expresso

義式濃縮咖啡

le cappuccino

卡布奇諾

la banane

香蕉

la pomme

蘋果

l'orange

柳丁

le melon

西瓜

le citron

檸檬

la carotte

胡蘿蔔

l'ail

大蒜

le bambou

竹子

l'oignon

洋蔥

le champignon

蘑菇

les noisettes

堅果

les pâtes

麵條

les spaghettis

義大利麵

le riz

米飯

la salade

沙拉

les frites

薯條

les pommes de terre rôties

炸馬鈴薯

la pizza

披薩餅

le hamburger

漢堡

le sandwich

三明治

l'escalope

炸豬排

le jambon

火腿

le salami

義大利臘腸

la saucisse

香腸

le poulet

雞肉

le rôti

烤肉

le poisson

魚

les flocons d'avoine

燕麥片

le muesli

木斯里

les cornflakes

玉米片

la farine

麵粉

le croissant

牛角麵包

les petits-pains

麵包捲

le pain

麵包

le pain grillé

吐司

les biscuits

餅乾

le beurre

奶油

le fromage blanc

凝乳

le gâteau

蛋糕

l'œuf

蛋

l'œuf au plat

煎蛋

le fromage

起司

l'alimentation - 食物

la glace

冰淇淋

le sucre

糖

le miel

蜂蜜

la confiture

果醬

la crème nougat

巧克力醬

le curry

咖哩

la ferme
農舍

la botte de paille
稻草捆

la grange
糧倉

le champ
田野

le cheval
馬

la remorque
拖車

le tracteur
拖拉機

le poulain
馬駒

l'âne
驢

l'agneau
羔羊

le mouton
羊

la chèvre

山羊

la vache

奶牛

le veau

小牛

le porc

豬

le porcelet

小豬

le taureau

公牛

l'oie

鵝

le canard

鴨

le poussin

小雞

la poule

母雞

le coq

公雞

le rat

鼠

le chat

貓

la souris

老鼠

le bœuf

牛

le chien

狗

le chenil

狗屋

le tuyau de jardin

花園澆水軟管

l'arrosoir

澆水壺

la faucheuse

長柄大鐮刀

la charrue

犁

la faucille

鐮刀

la pioche

鋤頭

la fourche

長柄草耙

la hache

斧頭

la brouette

獨輪手推車

la cuve

飼料槽

le pot à lait

牛奶罐

le sac

麻布袋

la clôture

柵欄

l'étable

馬廄

la serre

溫室

le sol

土壤

les semences

種子

l'engrais

肥料

la moissonneuse-batteuse

聯合收割機

récolter
收割

la récolte
收割

l'igname
地瓜

le blé
小麥

le soja
大豆

la pomme de terre
土豆

le maïs
玉米

le colza
油菜籽

l'arbre fruitier
果樹

le manioc
樹薯

les céréales
穀物

la cheminée
煙囪

le toit
屋頂

la gouttière
落水管

la fenêtre
窗戶

le garage
車庫

la sonnette
門鈴

la porte
門

la poubelle
垃圾桶

la boîte aux lettres
信箱

le jardin
花園

le salon

客廳

la chambre de bain

浴室

la cuisine

廚房

la chambre à coucher

臥室

la chambre d'enfant

兒童房

la salle à manger

餐廳

le sol
地板

le mur
牆壁

le plafond
天花板

la cave
地窖

le sauna
三溫暖

le balcon
陽臺

la terrasse
露臺

la piscine
游泳池

la tondeuse à gazon
割草機

la fourre de duvet
被單

la couette
床罩

le lit
床

le balai
掃帚

le sceau
水桶

l'interrupteur
開關

le papier peint
壁紙

l'image
相片

la lampe
檯燈

l'étagère
擱架

l'armoire
櫥櫃

la cheminée
壁爐

la télé
電視

la fleur
花

le coussin
墊子

le canapé
沙發

le vase
花瓶

la télécommande
遙控器

le tapis
地毯

le rideau
窗簾

la table
餐桌

la chaise
椅子

la chaise à bascule
搖椅

le fauteuil
扶手椅

le livre
書

la couverture
毯子

la décoration
裝飾品

le bois de chauffage
木柴

le film
電影

la chaîne hi-fi
高傳真音響

la clé
鑰匙

le journal
報紙

la peinture
油畫

le poster
海報

la radio
收音機

le bloc-notes
筆記本

l'aspirateur
吸塵器

le cactus
仙人掌

la bougie
蠟燭

le four à micro-ondes
微波爐

le frigo
冰箱

la balance de cuisine
廚房秤

le toasteur
烤麵包機

le détergent
洗潔精

le four
烤箱

le compartiment congélateur
冰櫃

la poubelle
垃圾桶

le lave-vaisselle
洗碗機

le four

炊具

la casserole

鍋

la marmite

鑄鐵鍋

le wok/kadai

炒鍋

la poêle

平底鍋

la bouilloire électrique

水壺

le cuiseur vapeur

蒸鍋

la plaque de cuisson

烤盤

la vaisselle

陶瓷鍋

le gobelet

馬克杯

le bol

碗

les baguettes

筷子

la louche

長柄勺

la spatule

鏟子

le fouet

攪拌器

la passoire

濾網

le tamis

篩子

la râpe

磨碎機

le mortier

研缽

le barbecue

燒烤

la cheminée

明火

la planche à découper

菜板

le rouleau à pâtisserie

擀麵杖

le tire-bouchon

開瓶器

la boîte

罐子

l'ouvre-boîte

開罐器

les maniques

隔熱手套

le lavabo

水槽

la brosse

刷子

l'éponge

海綿

le mixeur

攪拌機

le congélateur

冷藏箱

le biberon

奶瓶

le robinet

水龍頭

le chauffage
供暖裝置

la douche
淋浴

la serviette
毛巾

le rideau de douche
浴簾

le bain moussant
泡沫浴

la baignoire
浴缸

le verre
玻璃杯

la machine à laver
洗衣機

le carrelage
瓷磚

le robinet
水龍頭

le pot
便壺

le lavabo
水槽

les toilettes

廁所

la toilette à la turque

蹲便器

le bidet

坐浴器

l'urinoir

小便斗

le papier toilette

廁紙

la brosse à toilette

馬桶刷

la brosse à dents

牙刷

le dentifrice

牙膏

le fil dentaire

牙線

laver

洗

la douche manuelle

手持式蓮蓬頭

la douche intime

沖洗器

la vasque

洗臉盆

la brosse dorsale

洗背刷

le savon

肥皂

le gel douche

沐浴露

le shampooing

洗髮乳

le gant de toilette

法蘭絨

l'écoulement

排水

la crème

乳霜

le déodorant

除臭劑

le miroir

鏡子

le miroir cosmétique

手鏡

le rasoir

刮鬍刀

la mousse à raser

刮鬍泡沫

l'après-rasage

鬚後水

la peigne

梳子

la brosse

刷子

le sèche-cheveux

吹風機

la laque pour cheveux

噴髮定型劑

le fond de teint

化妝品

le rouge à lèvres

唇膏

le vernis à ongles

指甲油

l'ouate

化妝棉

le coupe-ongles

指甲剪

le parfum

香水

la trousse de toilette

洗漱包

le tabouret

凳子

la balance

計重秤

le peignoir

浴袍

les gants de nettoyage

橡膠手套

le tampon

衛生棉條

es serviettes hygiéniques

衛生棉

la toilette chimique

化學廁所

le réveil
鬧鐘

le doudou
毛絨玩具

la voiture jouet
玩具車

le hochet
撥浪鼓

la maison de poupée
玩具屋

le cadeau
禮物

le ballon

氣球

le lit

床

la poussette

嬰兒車

le jeu de cartes

撲克牌

le puzzle

拼圖

la bande dessinée

漫畫

les pièces lego
樂高積木

les blocs de construction
積木玩具

la figurine
公仔

la grenouillère
嬰兒服

le frisbee
飛盤

le mobile
床鈴玩具

le jeu de société
棋盤遊戲

le dé
骰子

le train miniature
火車模型

la sucette
安撫奶嘴

la fête
派對

le livre d'images
繪本

la balle
球

la poupée
洋娃娃

jouer
玩

le bac à sable

沙坑

la balançoire

鞦韆

les jouets

玩具

la console de jeu

電玩遊戲

le tricycle

三輪車

l'ours en peluche

泰迪熊

l'armoire

衣櫃

les vêtements

衣服

les chaussettes

襪子

les bas

長襪

le collant

緊身褲

l'écharpe
圍巾

le parapluie
雨傘

le t-shirt
T恤

la ceinture
皮帶

les bottes
靴子

les pantoufles
拖鞋

les baskets
運動鞋

les sandales
....
涼鞋

les chaussures
....
鞋

les bottes de caoutchouc
....
雨靴

le linge de corps
....
內褲

le soutien-gorge
....
胸罩

le maillot de corps
....
背心

le body

身體

le pantalon

褲子

le jean

牛仔褲

la jupe

短裙

le chemisier

女式襯衫

la chemise

襯衫

le pull

套頭衫

le pull-over à capuche

連帽上衣

la veste

西裝夾克

la veste

夾克

le manteau

外套

l'imperméable

雨衣

le costume

套裝

la robe

連衣裙

la robe de mariée

婚紗

le costume

西裝

la chemise de nuit

睡袍

le pyjama

睡衣

le sari

莎麗

le foulard

頭巾

le turban

包頭巾

la burqa

波卡

le caftan

卡夫坦

l'abaya

(阿拉伯式)長袍

le maillot de bain

泳衣

le costume de bain

男式泳褲

les cuissettes

短褲

la tenue d'entraînement

運動服

le tablier

圍裙

les gants

手套

le bouton

鈕扣

les lunettes

眼鏡

le bracelet

手鏈

le collier

項鍊

la bague

戒指

la boucle d'oreille

耳環

le bonnet

便帽

le cintre

衣架

le chapeau

帽子

la cravate

領帶

la fermeture éclair

拉鍊

le casque

安全帽

les bretelles

背帶

l'uniforme scolaire

校服

l'uniforme

制服

le bavoir
....
圍兜

la sucette
....
安撫奶嘴

la couche
....
尿布

le bureau
辦公室

le serveur
伺服器

l'armoire d'archivage
檔案櫃

l'imprimante
印表機

l'écran
螢幕

le papier
紙

la souris
滑鼠

le bureau
辦公桌

le classeur
資料夾

le clavier
鍵盤

la chaise
椅子

la corbeille à papier
廢紙簍

l'ordinateur
電腦

la tasse à café
....
咖啡杯

la calculatrice
....
計算機

l'internet
....
網際網路

l'ordinateur portable

筆記型電腦

la lettre

信件

le message

簡訊

le portable

行動電話

le réseau

網路

la photocopieuse

影印機

le logiciel

軟體

le téléphone

電話

la prise

插座

le fax

傳真機

le formulaire

表格

le document

檔案

acheter
買

payer
付錢

marchander
交易

la monnaie
現金

le dollar
美元

l'euro
歐元

le yen
日元

le rouble
盧布

le franc suisse
瑞士法郎

le renminbi yuan
人民幣

le roupie

la roupie
盧比

le distributeur automatique
提款處

le bureau de change

外幣兌換處

l'or

金

l'argent

銀

le pétrole

石油

l'énergie

能源

le prix

價格

le contrat

合約

la taxe

稅金

l'action

股票

travailler

工作

l'employé

職員

l'employeur

老闆

l'usine

工廠

le magasin

商店

l'agent de police
警官

le pompier
消防員

le cuisinier
廚師

le médecin
醫師

le pilote
飛行員

le jardinier

園丁

le menuisier

木匠

la couturière

裁縫

le juge

法官

le chimiste

化學家

l'acteur

演員

le conducteur de bus

公車司機

le chauffeur de taxi

計程車司機

le pêcheur

漁夫

la femme de ménage

清洗女工

le couvreur

屋頂工

le serveur

服務生

le chasseur

獵人

le peintre

畫家

le boulanger

麵包師

l'électricien

電工

l'ouvrier

建築工人

l'ingénieur

工程師

le boucher

屠夫

le plombier

水管工

le facteur

郵差

le soldat

士兵

l'architecte

建築師

le caissier

收銀員

le fleuriste

花農

le coiffeur

理髮師

le contrôleur

售票員

le mécanicien

機械技師

le capitaine

船長

le dentiste

牙醫

le scientifique

科學家

le rabbin

拉比

l'imam

伊瑪目

le moine

和尚

le prêtre

牧師

les outils

工具

le marteau
鐵錘

les pinces
鉗子

le tournevis
螺絲起子

la clé
扳手

la torche
手電筒

la pelleteuse

挖掘機

la boîte à outils

工具箱

l'échelle

梯子

la scie

鋸子

les clous

釘子

la perceuse

鑽機

réparer

修

la pelle

鏟子

Mince!

糟糕！

la pelle

畚箕

le pot de peinture

油漆桶

les vis

螺絲

les instruments de musique

樂器

le haut-parleur
揚聲器

la batterie
打擊樂器

la guitare
吉他

la contrebasse
低音提琴

la trompette
小號

le piano

鋼琴

le violon

小提琴

la basse

貝斯

les timbales

定音鼓

le tambour

鼓

le piano électrique

電子琴

le saxophone

薩克斯風

la flûte

長笛

le microphone

麥克風

l'entrée
入口

le tigre
老虎

la cage
籠子

le zèbre
斑馬

l'alimentation animale
動物飼料

le panda
熊貓

les animaux

動物

l'éléphant

大象

le kangourou

袋鼠

le rhinocéros

犀牛

le gorille

大猩猩

l'ours

熊

le chameau

駱駝

l'autruche

鴕鳥

le lion

獅子

le singe

猴子

le flamand rose

紅鶴

le perroquet

鸚鵡

l'ours polaire

北極熊

le pingouin

企鵝

le requin

鯊魚

le paon

孔雀

le serpent

蛇

le crocodile

鱷魚

le gardien de zoo

動物園管理員

le phoque

海豹

le jaguar

美洲豹

le poney

矮種馬

le léopard

豹

l'hippopotame

河馬

la girafe

長頸鹿

l'aigle

老鷹

le sanglier

野豬

le poisson

魚

la tortue

龜

le morse

海象

le renard

狐狸

la gazelle

羚羊

l'american Football
橄欖球

le cyclisme
騎腳踏車

le tennis
網球

le basket-ball
籃球

la natation
游泳

le hockey sur glace
冰球

la boxe
拳擊

le football
美式足球

le badminton
羽毛球

l'athlétisme
田徑

le handball
手球

le ski
滑雪

le polo
馬球

sauter
跳

rire
笑

embrasser
擁抱

marcher
走路

chanter
唱

rêver
做夢

prier
祈禱

faire la bise
親吻

écrire
書寫

dessiner
畫

montrer
展示

pousser
推

donner
給

prendre
拿

avoir

有

faire

做

être

當

être debout

站

courir

跑

trier

拉

jeter

丟

tomber

摔倒

être couché

躺

attendre

等待

porter

攜帶

être assis

坐

s'habiller

穿衣

dormir

睡覺

se réveiller

醒來

regarder
看

pleurer
哭

caresser
擊

peigner
梳頭

parler
交談

comprendre
明白

demander
問

écouter
聽

boire
喝

manger
吃

ranger
清理

aimer
愛

cuire
做飯

conduire
開車

voler
飛

les activités - 活動

faire de la voile

航行

calculer

計算

lire

讀

apprendre

學習

travailler

工作

se marier

結婚

coudre

縫

se brosser les dents

刷牙

tuer

殺

fumer

抽菸

envoyer

寄

grand-mère
祖母

le grand-père
祖父

le père
父親

la mère
母親

le bébé
嬰兒

la fille
女兒

le fils
兒子

l'hôte

客人

la tante

阿姨

l'oncle

叔叔

le frère

兄弟

la sœur

姐妹

le corps

身體

le front
前額

l'œil
眼睛

l'épaule
肩膀

le doigt
手指

le visage
臉

le menton
下巴

la main
手

la poitrine
乳房

la jambe
腿

le bras
手臂

le bébé

嬰兒

l'homme

男人

la femme

女人

la fille

女孩

le garçon

男孩

la tête

頭

le dos
背部

le ventre
肚子

le nombril
肚臍

l'orteil
腳趾

le talon
腳後跟

l'os
骨頭

la hanche
臀部

le genou
膝蓋

le coude
手肘

le nez
鼻子

les fesses
屁股

la peau
皮膚

la joue
臉頰

l'oreille
耳朵

la lèvre
嘴唇

la bouche

嘴

la dent

牙齒

la langue

舌頭

le cerveau

腦

le cœur

心臟

le muscle

肌肉

les poumons

肺

le foie

肝臟

l'estomac

胃

les reins

腎臟

le rapport sexuel

性交

le préservatif

保險套

l'ovule

卵子

le sperme

精子

la grossesse

懷孕

la menstruation
....
月事

le vagin
....
陰道

le pénis
....
陰莖

le sourcil
....
眉毛

les cheveux
....
頭髮

le cou
....
脖子

l'hôpital
醫院

l'ambulance
急救車

le fauteuil roulant
輪椅

la fracture
骨折

le médecin

醫師

le service des urgences

急診室

l'infirmière

護理師

l'urgence

緊急情形

inconscient

昏迷

la douleur

痛

la blessure

受傷

l'hémorragie

出血

la crise cardiaque

心臟病發作

l'attaque cérébrale

中風

l'allergie

過敏

la toux

咳嗽

la fièvre

發燒

la grippe

流感

la diarrhée

腹瀉

le mal de tête

頭痛

le cancer

癌症

le diabète

糖尿病

le chirurgien

外科醫師

le scalpel

手術刀

l'opération

手術

le CT

電腦斷層掃描

la radiographie

X光

l'échographie

超音波

le masque

口罩

la maladie

疾病

la salle d'attente

候診室

la béquille

拐杖

le pansement

石膏

le pansement

繃帶

l'injection

注射

le stéthoscope

聽診器

le brancard

擔架

le thermomètre

體溫計

l'accouchement

出生

le surpoids

超重

l'appareil auditif
....
助聽器

le désinfectant
....
消毒液

l'infection
....
感染

le virus
....
病毒

le VIH / le sida
....
愛滋病

le médicament
....
藥物

la vaccination
....
接種疫苗

les tablettes
....
藥片

la pilule
....
藥丸

l'appel d'urgence
....
急救電話

le tensiomètre
....
血壓計

malade / sain
....
生病/健康

Au secours!

救命！

l'alarme

警報

l'agression

突擊

l'attaque

攻擊

le danger

危險

la sortie de secours

緊急出口

Au feu!

失火了！

l'extincteur

滅火器

l'accident

意外

la trousse de premier
secours

急救箱

SOS

呼救訊號

la police

員警

l'Europe

歐洲

l'Amérique du Nord

北美洲

l'Amérique du Sud

南美洲

l'Afrique

非洲

l'Asie

亞洲

l'Australie

澳洲

l'Océan atlantique

大西洋

l'Océan pacifique

太平洋

l'Océan indien

印度洋

l'Océan antarctique

南冰洋

l'Océan arctique

北冰洋

le Pôle nord

北極

le Pôle sud
南極

l'Antarctique
南極洲

la terre
地球

le pays
陸地

la mer
海

l'île
島

la nation
國家

l'état
州

le cadran

錶盤

l'aiguille des heures

時針

l'aiguille des minutes

分針

l'aiguille des secondes

秒針

Quelle heure est-il?

現在幾點？

le jour

天

le temps

時間

maintenant

現在

la montre digitale

電子錶

la minute

分

l'heure

時

lundi
週一

mercredi
週三

vendredi
週五

mardi
週二

jeudi
週四

samedi
週六

dimanche
週日

hier
昨天

aujourd'hui
今天

demain
明天

le matin
早晨

le midi
中午

le soir
晚上

les jours ouvrables
工作日

le week-end
週末

la pluie
雨

l'arc-en-ciel
彩虹

le vent
風

la neige
雪

le printemps
春

l'automne
秋

l'été
夏

l'hiver
冬

la météo

天氣預告

le thermomètre

溫度計

le lumière du soleil

陽光

le nuage

雲

le brouillard

霧

l'humidité

潮濕

la foudre
....
閃電

le tonnerre
....
打雷

la tempête
....
風暴

la grêle
....
冰雹

la mousson
....
季風

l'inondation
....
洪水

la glace
....
冰

janvier
....
一月

février
....
二月

mars
....
三月

avril
....
四月

mai
....
五月

juin
....
六月

juillet
....
七月

août
....
八月

septembre
....
九月

octobre
....
十月

novembre
....
十一月

décembre
....
十二月

le cercle
....
圓形

le carré
....
正方形

le rectangle
....
長方形

le triangle
....
三角形

la sphère
....
球體

le cube
....
立方體

blanc

白

jaune

黃

orange

橙

rose

粉

rouge

紅

violet

紫

bleu

藍

vert

綠

marron

棕

gris

灰

noir

黑

beaucoup / peu

很多/少許

fâché / calme

生氣/平靜

joli / laid

美/醜

le début / la fin

首/尾

grand / petit

大/小

clair / obscure

明/暗

le frère / la sœur

兄弟/姐妹

propre / sale

乾淨/骯髒

complet / incomplet

完整/缺失

le jour / la nuit

白天/晚上

mort / vivant

死/生

large / étroit

寬/窄

comestible / incomestible

可食用/非食用

méchant / gentil

邪惡/善良

excité / ennuyé

興奮/無聊

gros / mince

胖/瘦

le premier / le dernier

第一/最後

l'ami / l'ennemi

朋友/敵人

plein / vide

滿/空

dur / souple

硬/軟

lourd / léger

重/輕

faim / soif

餓/渴

malade / sain

生病/健康

illégal / légal

非法/合法

intelligent / stupide

聰明/愚笨

gauche / droite

左/右

proche / loin

近/遠

nouveau / usé

新/舊

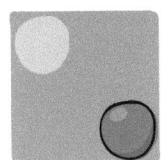

rien / quelque chose

沒有/有些

vieux / jeune

老/幼

marche / arrêt

開/關

ouvert / fermé

打開/闔上

faible / fort

安靜/吵鬧

riche / pauvre

富/窮

correct / incorrect

對/錯

rugueux / lisse

粗糙/光滑

triste / heureux

傷心/高興

court / long

短/長

lent / rapide

慢/快

mouillé / sec

濕/乾

chaud / froid

溫暖/涼爽

la guerre / la paix

戰爭/和平

les nombres

數字

0

zéro

零

1

un

一

2

deux

二

3

trois

三

4

quatre

四

5

cinq

五

6

six

六

7

sept

七

8

huit

八

9

neuf

九

10

dix

十

11

onze

十一

12
douze

十二

13
treize

十三

14
quatorze

十四

15
quinze

十五

16
seize

十六

17
dix-sept

十七

18
dix-huit

十八

19
dix-neuf

十九

20
vingt

二十

100
cent

百

1.000
mille

千

1.000.000
le million

百萬

les nombres - 數字

l'anglais

英語

l'anglais américain

美式英語

le chinois mandarin

普通話

le hindi

印地語

l'espagnol

西班牙語

le français

法語

l'arabe

阿拉伯語

le russe

俄語

le portugais

葡萄牙語

le bengali

孟加拉語

l'allemand

德語

le japonais

日語

je

我

tu

你

il / elle

他/她/它

nous

我們

vous

你們

ils / elles

他們

qui?

誰？

quoi?

什麼？

comment?

如何？

où?

何處？

quand?

何時？

le nom

名字

derrière

後面

dans

裡面

devant

前面

au-dessus

上方

sur

上面

en-dessous

下麵

à côté de

旁邊

entre

中間

le lieu

地點